자신을 이기는 일만자 쓰기

이세범 지음

창조와 지식

1년 동안 매일 1퍼센트씩 성장한다면
나중에는 처음 그 일을 했을 때보다
37배 더 나아져 있을 것이다.

반대로 1년 동안 매일 1퍼센트씩 퇴보한다면
그 능력은 거의 제로가 되어 있을 것이다.
처음에는 작은 성과나 후퇴였을지라도
나중에는 엄청난 성과나 후퇴로 나타난다.

「아주 작은 습관의 힘」

-제임스 클리어

목차

책 사용 설명서

이 책은 총 50일 분량으로, 책의 하루 분량은 25자 내외의 8문장을 만드는 것입니다. 사람마다 다르겠지만 책의 하루 분량은 짧게는 5분에서 길게는 30분을 필요로 합니다.

이 책과 함께하는 데 있어서 가장 중요한 점은 하루에 주어진 분량을 지키며 50일 동안 매일 써야한다는 것입니다. 50일 동안의 자신을 이기는 경험을 통해 자신감을 충전하고 더 큰 목표에 도전해 보세요.

가능하다① | 할 수 있다.②

④ [□ 가능했다. ☑ 가능하다. □ 가능할 것이다.]③

매	일	⑤	꾸	준	하	게		한	다	면		습
관		만	들	기	는		가	능	하	다	.⑥	⑦

⑧ 00025

① 문장 만들기에 쓰일 단어입니다.

② 문장 만들기에 쓰일 단어의 뜻입니다.

③ 선택한 시제로 문장이 끝나야 합니다.

④ 첫 번째 칸부터 쓰기 시작합니다.

⑤ 맞춤법에 따라 띄어 씁니다.

⑥ 문장부호도 한 칸을 차지합니다.

⑦ 색이 다른 칸에서 문장을 끝냅니다.

⑧ 지금까지 쓴 글자 수를 나타냅니다.

1일

가능하다 | 할 수 있다.

[□ 가능했다. □ 가능하다. □ 가능할 것이다.]

00025

가정하다 | 사실이라고 생각하다.

[□ 가정했다. □ 가정한다. □ 가정할 것이다.]

00050

간섭하다 | 관계가 없는 일에 끼어 들다.

[□ 간섭했다. □ 간섭한다. □ 간섭할 것이다.]

00075

간편하다 | 쉽고 편하다.

[□ 간편했다. □ 간편하다. □ 간편할 것이다.]

00100

간호하다 | 아픈 사람을 돌보다.

[□ 간호했다. □ 간호한다. □ 간호할 것이다.]

00125

갈등하다 | 생각들이 서로 맞서다.

[□ 갈등했다. □ 갈등한다. □ 갈등할 것이다.]

00150

가입하다 | 단체나 모임에 들어가다.

[□ 가입했다. □ 가입한다. □ 가입할 것이다.]

00175

탈퇴하다 | 단체나 모임에서 나오다.

[□ 탈퇴했다. □ 탈퇴한다. □ 탈퇴할 것이다.]

00200

2일

감동하다 | 좋은 느낌이 강해 마음이 움직이다.

[□ 감동했다. □ 감동한다. □ 감동할 것이다.]

00225

감사하다 | 고마운 마음이 들다.

[□ 감사했다. □ 감사한다. □ 감사할 것이다.]

00250

감상하다 | 작품을 이해하고 느끼다.

[□ 감상했다. □ 감상한다. □ 감상할 것이다.]

00275

감탄하다 | 잘하는 것에 크게 놀라다.

[□ 감탄했다. □ 감탄한다. □ 감탄할 것이다.]

00300

강조하다 | 특별히 내세우다.

[□ 강조했다. □ 강조한다. □ 강조할 것이다.]

00325

개최하다 | 행사, 경기, 모임 등을 열다.

[□ 개최했다. □ 개최한다. □ 개최할 것이다.]

00350

감소하다 | 수나 양이 줄어들다.

[□ 감소했다. □ 감소한다. □ 감소할 것이다.]

00375

증가하다 | 수나 양이 늘어나다.

[□ 증가했다. □ 증가한다. □ 증가할 것이다.]

00400

3일

거부하다 | 받아들이지 않고 물리치다.

[□ 거부했다. □ 거부한다. □ 거부할 것이다.]

00425

결심하다 | 마음을 정하다.

[□ 결심했다. □ 결심한다. □ 결심할 것이다.]

00450

경청하다 | 자세히 듣다.

[□ 경청했다. □ 경청한다. □ 경청할 것이다.]

00475

계산하다 | 구하려는 것이 얼마인지 풀어 보다.

[□ 계산했다. □ 계산한다. □ 계산할 것이다.]

00500

계획하다 | 앞으로 할 일을 정하다.

[□ 계획했다. □ 계획한다. □ 계획할 것이다.]

00525

고려하다 | 관계가 있는 것을 생각하다.

[□ 고려했다. □ 고려한다. □ 고려할 것이다.]

00550

거만하다 | 자신을 뽐내고 다른 사람을 깔보다.

[□ 거만했다. □ 거만하다. □ 거만할 것이다.]

00575

겸손하다 | 자신을 낮추고 다른 사람을 높이다.

[□ 겸손했다. □ 겸손하다. □ 겸손할 것이다.]

00600

4일

고민하다 | 정하지 못해 어려워하다.

[☐ 고민했다. ☐ 고민한다. ☐ 고민할 것이다.]

00625

고백하다 | 숨기고 있던 마음을 보여주다.

[☐ 고백했다. ☐ 고백한다. ☐ 고백할 것이다.]

00650

고생하다 | 어렵고 힘든 일을 하다.

[☐ 고생했다. ☐ 고생한다. ☐ 고생할 것이다.]

00675

공감하다 | 같은 것을 느끼다.

[☐ 공감했다. ☐ 공감한다. ☐ 공감할 것이다.]

00700

년 월 일

공개하다 | 다른 사람에게 보여주다.

[□ 공개했다. □ 공개한다. □ 공개할 것이다.]

00725

공유하다 | 정보, 물건 등을 함께 가지고 쓰다.

[□ 공유했다. □ 공유한다. □ 공유할 것이다.]

00750

경쟁하다 | 서로 이기거나 앞서려고 힘쓰다.

[□ 경쟁했다. □ 경쟁한다. □ 경쟁할 것이다.]

00775

양보하다 | 다른 사람에게 내어 주다.

[□ 양보했다. □ 양보한다. □ 양보할 것이다.]

00800

5일

공평하다 | 어느 한쪽에 치우쳐 있지 않다.

[□ 공평했다. □ 공평하다. □ 공평할 것이다.]

00825

과식하다 | 평소의 양보다 많이 먹다.

[□ 과식했다. □ 과식한다. □ 과식할 것이다.]

00850

과장하다 | 실제보다 부풀려 이야기하다.

[□ 과장했다. □ 과장한다. □ 과장할 것이다.]

00875

관람하다 | 공연, 전시, 경기, 영화 등을 보다.

[□ 관람했다. □ 관람한다. □ 관람할 것이다.]

00900

년 월 일

관리하다 | 정상적인 상태가 되도록 돌보다.

[□ 관리했다. □ 관리한다. □ 관리할 것이다.]

00925

교체하다 | 사람이나 물건을 바꾸다.

[□ 교체했다. □ 교체한다. □ 교체할 것이다.]

00950

계속하다 | 하던 일을 이어서 하다.

[□ 계속했다. □ 계속한다. □ 계속할 것이다.]

00975

중단하다 | 하던 일을 멈추다.

[□ 중단했다. □ 중단한다. □ 중단할 것이다.]

01000

6일

구분하다 | 기준에 따라 나누다.

[□ 구분했다. □ 구분한다. □ 구분할 것이다.]

01025

극복하다 | 힘들고 어려운 것을 이겨내다.

[□ 극복했다. □ 극복한다. □ 극복할 것이다.]

01050

기대하다 | 원하는 것을 기다리다.

[□ 기대했다. □ 기대한다. □ 기대할 것이다.]

01075

기록하다 | 사실이나 생각을 써서 남기다.

[□ 기록했다. □ 기록한다. □ 기록할 것이다.]

01100

년 월 일

기부하다 | 다른 사람을 돕기 위해 돈, 물건 등을 주다.

[□ 기부했다. □ 기부한다. □ 기부할 것이다.]

01125

기억하다 | 잊지 않고 남아 있다.

[□ 기억했다. □ 기억한다. □ 기억할 것이다.]

01150

구매하다 | 물건이나 서비스를 사다.

[□ 구매했다. □ 구매한다. □ 구매할 것이다.]

01175

판매하다 | 물건이나 서비스를 팔다.

[□ 판매했다. □ 판매한다. □ 판매할 것이다.]

01200

7일

기여하다 | 결과를 내는 데 도움이 되다.

[□ 기여했다. □ 기여한다. □ 기여할 것이다.]

01225

기특하다 | 어린 사람의 말이나 행동이 예쁘다.

[□ 기특했다. □ 기특하다. □ 기특할 것이다.]

01250

긴장하다 | 마음이 떨리고 조마조마하다.

[□ 긴장했다. □ 긴장한다. □ 긴장할 것이다.]

01275

난감하다 | 어떻게 할지 정하기 어렵다.

[□ 난감했다. □ 난감하다. □ 난감할 것이다.]

01300

년 월 일

노력하다 | 해내려고 힘쓰다.

[☐ 노력했다. ☐ 노력한다. ☐ 노력할 것이다.]

01325

능숙하다 | 기술이나 능력이 좋다.

[☐ 능숙했다. ☐ 능숙하다. ☐ 능숙할 것이다.]

01350

금지하다 | 하지 못하게 하다.

[☐ 금지했다. ☐ 금지한다. ☐ 금지할 것이다.]

01375

허락하다 | 할 수 있도록 두다.

[☐ 허락했다. ☐ 허락한다. ☐ 허락할 것이다.]

01400

8일

다양하다 | 서로 다른 것이 많다.

[□ 다양했다. □ 다양하다. □ 다양할 것이다.]

01425

단정하다 | 겉모습이 깔끔하고 깨끗하다.

[□ 단정했다. □ 단정하다. □ 단정할 것이다.]

01450

단합하다 | 여러 사람이 한 곳에 마음을 모으다.

[□ 단합했다. □ 단합한다. □ 단합할 것이다.]

01475

담당하다 | 역할을 맡아서 하다.

[□ 담당했다. □ 담당한다. □ 담당할 것이다.]

01500

년 월 일

당당하다 | 떳떳하고 자신 있다.

[□ 당당했다. □ 당당하다. □ 당당할 것이다.]

01525

당연하다 | 여러 가지를 따져 보았을 때 맞다고 생각하다.

[□ 당연했다. □ 당연하다. □ 당연할 것이다.]

01550

낭비하다 | 돈, 시간 등을 함부로 쓰다.

[□ 낭비했다. □ 낭비한다. □ 낭비할 것이다.]

01575

절약하다 | 돈, 시간 등을 아껴서 쓰다.

[□ 절약했다. □ 절약한다. □ 절약할 것이다.]

01600

9일

당황하다 | 급하거나 놀라서 어찌할 바를 모르다.

[□ 당황했다. □ 당황한다. □ 당황할 것이다.]

01625

대기하다 | 순서를 기다리다.

[□ 대기했다. □ 대기한다. □ 대기할 것이다.]

01650

대처하다 | 벌어진 일에 대하여 이어지는 행동을 하다.

[□ 대처했다. □ 대처한다. □ 대처할 것이다.]

01675

대화하다 | 이야기를 주고 받다.

[□ 대화했다. □ 대화한다. □ 대화할 것이다.]

01700

년 월 일

독서하다 | 책을 읽다.

[□ 독서했다. □ 독서한다. □ 독서할 것이다.]

01725

돌변하다 | 갑자기 변하다.

[□ 돌변했다. □ 돌변한다. □ 돌변할 것이다.]

01750

다정하다 | 따뜻하게 대하다.

[□ 다정했다. □ 다정하다. □ 다정할 것이다.]

01775

냉정하다 | 차갑게 대하다.

[□ 냉정했다. □ 냉정하다. □ 냉정할 것이다.]

01800

10일

막막하다 | 막히거나 꼬인 듯 답답하다.

[□ 막막했다. □ 막막하다. □ 막막할 것이다.]

01825

만족하다 | 마음에 들어 좋다.

[□ 만족했다. □ 만족한다. □ 만족할 것이다.]

01850

만회하다 | 잘못을 고치거나 부족한 점을 채우다.

[□ 만회했다. □ 만회한다. □ 만회할 것이다.]

01875

명심하다 | 마음 깊이 새기다.

[□ 명심했다. □ 명심한다. □ 명심할 것이다.]

01900

년 월 일

모집하다 | 사람을 모으다.

[□ 모집했다. □ 모집한다. □ 모집할 것이다.]

01925

목욕하다 | 온 몸을 씻다.

[□ 목욕했다. □ 목욕한다. □ 목욕할 것이다.]

01950

단순하다 | 쉽고 짧다.

[□ 단순했다. □ 단순하다. □ 단순할 것이다.]

01975

복잡하다 | 어렵고 길다.

[□ 복잡했다. □ 복잡하다. □ 복잡할 것이다.]

02000

11일

몽롱하다 | 정신이 흐릿하다.

[□ 몽롱했다. □ 몽롱하다. □ 몽롱할 것이다.]

02025

무난하다 | 큰 어려움이 없다.

[□ 무난했다. □ 무난하다. □ 무난할 것이다.]

02050

무시하다 | 중요하게 여기지 않다.

[□ 무시했다. □ 무시한다. □ 무시할 것이다.]

02075

미안하다 | 잘못을 해서 부끄럽다.

[□ 미안했다. □ 미안하다. □ 미안할 것이다.]

02100

년 월 일

민망하다 | 부끄럽거나 불편해서 똑바로 보기 힘들다.

[□ 민망했다. □ 민망하다. □ 민망할 것이다.]

02125

반박하다 | 맞서는 의견을 내다.

[□ 반박했다. □ 반박한다. □ 반박할 것이다.]

02150

대여하다 | 물건을 빌리다.

[□ 대여했다. □ 대여한다. □ 대여할 것이다.]

02175

반납하다 | 물건을 돌려주다.

[□ 반납했다. □ 반납한다. □ 반납할 것이다.]

02200

12일

반복하다 | 같은 일을 여러 번 하다.

[□ 반복했다. □ 반복한다. □ 반복할 것이다.]

02225

반성하다 | 말이나 행동에 잘못이 없었는지 되돌아 보다.

[□ 반성했다. □ 반성한다. □ 반성할 것이다.]

02250

반영하다 | 내용을 다른 데에 나타내다.

[□ 반영했다. □ 반영한다. □ 반영할 것이다.]

02275

반항하다 | 맞서서 대들다.

[□ 반항했다. □ 반항한다. □ 반항할 것이다.]

02300

년 월 일

발견하다 | 찾아내거나 알아내다.

[□ 발견했다. □ 발견한다. □ 발견할 것이다.]

02325

발생하다 | 일이 일어나다.

[□ 발생했다. □ 발생한다. □ 발생할 것이다.]

02350

도전하다 | 어려운 일에 맞서서 해보다.

[□ 도전했다. □ 도전한다. □ 도전할 것이다.]

02375

포기하다 | 하려던 일을 그만 두다.

[□ 포기했다. □ 포기한다. □ 포기할 것이다.]

02400

13일

발전하다 | 더 좋은 상태가 되다.

[□ 발전했다. □ 발전한다. □ 발전할 것이다.]

02425

발표하다 | 공적인 자리에서 생각이나 정보를 알리다.

[□ 발표했다. □ 발표한다. □ 발표할 것이다.]

02450

발휘하다 | 실력을 보여 주다.

[□ 발휘했다. □ 발휘한다. □ 발휘할 것이다.]

02475

방문하다 | 장소에 찾아가다.

[□ 방문했다. □ 방문한다. □ 방문할 것이다.]

02500

방해하다 | 자유롭게 하지 못하게 막다.

[□ 방해했다. □ 방해한다. □ 방해할 것이다.]

02525

방황하다 | 이리 저리 헤매다.

[□ 방황했다. □ 방황한다. □ 방황할 것이다.]

02550

득점하다 | 점수를 얻다.

[□ 득점했다. □ 득점한다. □ 득점할 것이다.]

02575

실점하다 | 점수를 잃다.

[□ 실점했다. □ 실점한다. □ 실점할 것이다.]

02600

14일

배려하다 | 관심을 가지고 살피다.

[□ 배려했다. □ 배려한다. □ 배려할 것이다.]

02625

변경하다 | 다른 것으로 바꾸다.

[□ 변경했다. □ 변경한다. □ 변경할 것이다.]

02650

변명하다 | 다른 것으로 바꾸다.

[□ 변명했다. □ 변명한다. □ 변명할 것이다.]

02675

변화하다 | 모양이나 특징이 달라지다.

[□ 변화했다. □ 변화한다. □ 변화할 것이다.]

02700

년 월 일

보관하다 | 물건을 어딘가에 두다.

[□ 보관했다. □ 보관한다. □ 보관할 것이다.]

02725

보답하다 | 고마운 마음을 갚다.

[□ 보답했다. □ 보답한다. □ 보답할 것이다.]

02750

부유하다 | 가진 것이 많아 넉넉하다.

[□ 부유했다. □ 부유하다. □ 부유할 것이다.]

02775

빈곤하다 | 가진 것이 없어 가난하다.

[□ 빈곤했다. □ 빈곤하다. □ 빈곤할 것이다.]

02800

15일

보류하다 | 하지 않고 그대로 두다.

[□ 보류했다. □ 보류한다. □ 보류할 것이다.]

02825

보완하다 | 모자란 부분을 채우다.

[□ 보완했다. □ 보완한다. □ 보완할 것이다.]

02850

봉사하다 | 대가를 바라지 않고 일하다.

[□ 봉사했다. □ 봉사한다. □ 봉사할 것이다.]

02875

부탁하다 | 해달라고 하다.

[□ 부탁했다. □ 부탁한다. □ 부탁할 것이다.]

02900

년 월 일

분노하다 | 크게 화내다.

[□ 분노했다. □ 분노한다. □ 분노할 것이다.]

02925

분발하다 | 마음을 먹고 전보다 열심히 하다.

[□ 분발했다. □ 분발한다. □ 분발할 것이다.]

02950

분실하다 | 잃어버리다.

[□ 분실했다. □ 분실한다. □ 분실할 것이다.]

02975

습득하다 | 우연히 얻다.

[□ 습득했다. □ 습득한다. □ 습득할 것이다.]

03000

16일

불길하다 | 나쁜 일이 일어날 것 같은 느낌이 들다.

[□ 불길했다. □ 불길하다. □ 불길할 것이다.]

03025

불쾌하다 | 기분이 나쁘다.

[□ 불쾌했다. □ 불쾌하다. □ 불쾌할 것이다.]

03050

불평하다 | 마음에 들지 않다고 말하다.

[□ 불평했다. □ 불평한다. □ 불평할 것이다.]

03075

비교하다 | 같은 점과 다른 점을 알아보다.

[□ 비교했다. □ 비교한다. □ 비교할 것이다.]

03100

년 월 일

비례하다 | 같은 방향으로 수나 양이 변하다.

[□ 비례했다. □ 비례한다. □ 비례할 것이다.]

03125

비유하다 | 비슷한 특징이 있는 다른 것으로 돌려 말하다.

[□ 비유했다. □ 비유한다. □ 비유할 것이다.]

03150

분주하다 | 많이 바쁘다.

[□ 분주했다. □ 분주하다. □ 분주할 것이다.]

03175

한가하다 | 여유가 없다.

[□ 한가했다. □ 한가하다. □ 한가할 것이다.]

03200

17일

비판하다 | 옳고 그름에 대해 따지다.

[☐ 비판했다. ☐ 비판한다. ☐ 비판할 것이다.]

03225

살벌하다 | 무서울 만큼 거칠다.

[☐ 살벌했다. ☐ 살벌하다. ☐ 살벌할 것이다.]

03250

상당하다 | 수준이나 실력이 꽤 높다.

[☐ 상당했다. ☐ 상당하다. ☐ 상당할 것이다.]

03275

상대하다 | 다른 사람과 맞서다.

[☐ 상대했다. ☐ 상대한다. ☐ 상대할 것이다.]

03300

상상하다 | 실제로 없거나 보이지 않는 것을 생각으로 꾸미다.

[□ 상상했다. □ 상상한다. □ 상상할 것이다.]

03325

상의하다 | 어떻게 하면 좋을지 함께 이야기하다.

[□ 상의했다. □ 상의한다. □ 상의할 것이다.]

03350

비겁하다 | 겁이 많아 떳떳하지 못하다.

[□ 비겁했다. □ 비겁하다. □ 비겁할 것이다.]

03375

용감하다 | 씩씩하고 용기가 있다.

[□ 용감했다. □ 용감하다. □ 용감할 것이다.]

03400

18일

생활하다 | 삶을 살아가다.

[□ 생활했다. □ 생활한다. □ 생활할 것이다.]

03425

서식하다 | 동물이나 식물이 살다.

[□ 서식했다. □ 서식한다. □ 서식할 것이다.]

03450

선발하다 | 골라서 뽑다.

[□ 선발했다. □ 선발한다. □ 선발할 것이다.]

03475

선호하다 | 더 좋아하다.

[□ 선호했다. □ 선호한다. □ 선호할 것이다.]

03500

년 월 일

설득하다 | 다른 사람이 자신의 의견을 따르도록 만들다.

[□ 설득했다. □ 설득한다. □ 설득할 것이다.]

03525

설명하다 | 내용을 알려 주다.

[□ 설명했다. □ 설명한다. □ 설명할 것이다.]

03550

사과하다 | 잘못을 받아들이고 뉘우치는 마음을 전하다.

[□ 사과했다. □ 사과한다. □ 사과할 것이다.]

03575

용서하다 | 잘못한 사람을 벌하지 않고 봐주다.

[□ 용서했다. □ 용서한다. □ 용서할 것이다.]

03600

19일

설치하다 | 기계나 프로그램을 알맞은 곳에 두다.

[□ 설치했다. □ 설치한다. □ 설치할 것이다.]

03625

성실하다 | 게으름 피우지 않고 정성을 다하다.

[□ 성실했다. □ 성실하다. □ 성실할 것이다.]

03650

성장하다 | 자라서 커지다.

[□ 성장했다. □ 성장한다. □ 성장할 것이다.]

03675

세탁하다 | 더러운 것을 없애다.

[□ 세탁했다. □ 세탁한다. □ 세탁할 것이다.]

03700

년 월 일

소개하다 | 처음 보는 사람이나 내용을 알게 하다.

[□ 소개했다. □ 소개한다. □ 소개할 것이다.]

03725

소중하다 | 귀하고 중요하다.

[□ 소중했다. □ 소중하다. □ 소중할 것이다.]

03750

생략하다 | 있는 것을 없애다.

[□ 생략했다. □ 생략한다. □ 생략할 것이다.]

03775

추가하다 | 다른 것을 더하다.

[□ 추가했다. □ 추가한다. □ 추가할 것이다.]

03800

20일

소홀하다 | 관심을 주지 않다.

[□ 소홀했다. □ 소홀하다. □ 소홀할 것이다.]

03825

솔직하다 | 거짓이나 꾸밈이 없다.

[□ 솔직했다. □ 솔직하다. □ 솔직할 것이다.]

03850

수리하다 | 고장이 난 것을 고치다.

[□ 수리했다. □ 수리하다. □ 수리할 것이다.]

03875

수상하다 | 보통 때와 달라 의심이 들다.

[□ 수상했다. □ 수상하다. □ 수상할 것이다.]

03900

년 월 일

수집하다 | 물건이나 자료를 모으다.

[□ 수집했다. □ 수집한다. □ 수집할 것이다.]

03925

순수하다 | 꾸밈이나 못된 생각이 없이 깨끗하다.

[□ 순수했다. □ 순수하다. □ 순수할 것이다.]

03950

생산하다 | 만들어 내다.

[□ 생산했다. □ 생산한다. □ 생산할 것이다.]

03975

소비하다 | 써서 없애다.

[□ 소비했다. □ 소비한다. □ 소비할 것이다.]

04000

21일

승복하다 | 결과를 받아들이다.

[□ 승복했다. □ 승복한다. □ 승복할 것이다.]

04025

시기하다 | 부러움이 커 밉게 느껴지다.

[□ 시기했다. □ 시기한다. □ 시기할 것이다.]

04050

시급하다 | 매우 급하다.

[□ 시급했다. □ 시급하다. □ 시급할 것이다.]

04075

시청하다 | 화면을 통해 영상을 보다.

[□ 시청했다. □ 시청한다. □ 시청할 것이다.]

04100

년 월 일

식사하다 | 밥을 먹다.

[□ 식사했다. □ 식사한다. □ 식사할 것이다.]

04125

신기하다 | 처음 보는 것이어서 놀랍다.

[□ 신기했다. □ 신기하다. □ 신기할 것이다.]

04150

생소하다 | 낯설게 느껴지다.

[□ 생소했다. □ 생소하다. □ 생소할 것이다.]

04175

친근하다 | 가깝게 느껴지다.

[□ 친근했다. □ 친근하다. □ 친근할 것이다.]

04200

22일

신뢰하다 | 사람이나 제도를 믿다.

[□ 신뢰했다. □ 신뢰한다. □ 신뢰할 것이다.]

04225

신선하다 | 깨끗하고 상태가 좋다.

[□ 신선했다. □ 신선하다. □ 신선할 것이다.]

04250

신중하다 | 여러 가지를 깊이 생각하다.

[□ 신중했다. □ 신중하다. □ 신중할 것이다.]

04275

실망하다 | 바라는 대로 되지 않아 속이 상하다.

[□ 실망했다. □ 실망한다. □ 실망할 것이다.]

04300

년 월 일

실수하다 | 잘못을 저지르다.

[□ 실수했다. □ 실수한다. □ 실수할 것이다.]

04325

실습하다 | 배운 것을 직접 해보다.

[□ 실습했다. □ 실습한다. □ 실습할 것이다.]

04350

성공하다 | 일을 해내다.

[□ 성공했다. □ 성공한다. □ 성공할 것이다.]

04375

실패하다 | 일을 해내지 못하다.

[□ 실패했다. □ 실패한다. □ 실패할 것이다.]

04400

23일

실시하다 | 법, 규칙 등을 실제로 행하다.

[□ 실시했다. □ 실시한다. □ 실시할 것이다.]

04425

실천하다 | 알고 있는 것을 행동으로 하다.

[□ 실천했다. □ 실천한다. □ 실천할 것이다.]

04450

심각하다 | 상태나 상황이 많이 좋지 않다.

[□ 심각했다. □ 심각하다. □ 심각할 것이다.]

04475

심란하다 | 마음이 어지럽다.

[□ 심란했다. □ 심란하다. □ 심란할 것이다.]

04500

년 월 일

아담하다 | 보기 좋게 작다.

[□ 아담했다. □ 아담하다. □ 아담할 것이다.]

04525

아부하다 | 잘 보이려고 듣기 좋은 이야기만 하다.

[□ 아부했다. □ 아부한다. □ 아부할 것이다.]

04550

소모하다 | 시간, 힘 등을 쓰다.

[□ 소모했다. □ 소모한다. □ 소모할 것이다.]

04575

충전하다 | 쓸 수 있게 채우다.

[□ 충전했다. □ 충전한다. □ 충전할 것이다.]

04600

24일

안내하다 | 일, 장소, 행사 등에 대해 알려 주다.

[□ 안내했다. □ 안내한다. □ 안내할 것이다.]

04625

안심하다 | 걱정되는 일이 사라져 마음을 놓다.

[□ 안심했다. □ 안심한다. □ 안심할 것이다.]

04650

암기하다 | 내용을 외우다.

[□ 암기했다. □ 암기한다. □ 암기할 것이다.]

04675

애도하다 | 사람의 죽음에 대해 슬퍼하다.

[□ 애도했다. □ 애도한다. □ 애도할 것이다.]

04700

년 월 일

애원하다 | 해달라고 매달리다.

[□ 애원했다. □ 애원한다. □ 애원할 것이다.]

04725

약속하다 | 다른 사람과 어떤 일을 하기로 정하다.

[□ 약속했다. □ 약속한다. □ 약속할 것이다.]

04750

수입하다 | 다른 나라에서 물건이나 서비스를 사오다.

[□ 수입했다. □ 수입한다. □ 수입할 것이다.]

04775

수출하다 | 다른 나라에 물건이나 서비스를 팔다.

[□ 수출했다. □ 수출한다. □ 수출할 것이다.]

04800

25일

어색하다 | 어울리지 않거나 자연스럽지 않다.

[□ 어색했다. □ 어색하다. □ 어색할 것이다.]

04825

억울하다 | 관계가 없는데 의심을 받아 속이 상하다.

[□ 억울했다. □ 억울하다. □ 억울할 것이다.]

04850

여행하다 | 여러 곳을 다니며 구경하고 먹고 즐기다.

[□ 여행했다. □ 여행한다. □ 여행할 것이다.]

04875

연기하다 | 뒤로 미루다.

[□ 연기했다. □ 연기한다. □ 연기할 것이다.]

04900

년 월 일

연락하다 | 전화나 글을 통해 소식을 알리다.

[□ 연락했다. □ 연락한다. □ 연락할 것이다.]

04925

연습하다 | 잘할 때까지 여러 번 하다.

[□ 연습했다. □ 연습한다. □ 연습할 것이다.]

04950

승리하다 | 경기에서 이기다.

[□ 승리했다. □ 승리한다. □ 승리할 것이다.]

04975

패배하다 | 경기에서 지다.

[□ 패배했다. □ 패배한다. □ 패배할 것이다.]

05000

26일

연애하다 | 서로 사랑하다.

[□ 연애했다. □ 연애한다. □ 연애할 것이다.]

05025

연주하다 | 악기로 소리를 내다.

[□ 연주했다. □ 연주한다. □ 연주할 것이다.]

05050

열악하다 | 상황이나 조건에 모자란 것이 많다.

[□ 열악했다. □ 열악하다. □ 열악할 것이다.]

05075

영리하다 | 눈치가 빠르고 똑똑하다.

[□ 영리했다. □ 영리하다. □ 영리할 것이다.]

05100

년 월 일

영원하다 | 끝이 없다.

[□ 영원했다. □ 영원하다. □ 영원할 것이다.]

05125

예고하다 | 앞으로 일어날 일을 미리 알려 주다.

[□ 예고했다. □ 예고한다. □ 예고할 것이다.]

05150

시작하다 | 일의 첫 부분을 하다.

[□ 시작했다. □ 시작한다. □ 시작할 것이다.]

05175

종료하다 | 일이 끝나다.

[□ 종료했다. □ 종료한다. □ 종료할 것이다.]

05200

27일

예매하다 | 표를 미리 사다.

[□ 예매했다. □ 예매한다. □ 예매할 것이다.]

05225

예방하다 | 좋지 않은 일을 미리 막다.

[□ 예방했다. □ 예방한다. □ 예방할 것이다.]

05250

예측하다 | 앞으로 일어날 일을 맞춰 보다.

[□ 예측했다. □ 예측한다. □ 예측할 것이다.]

05275

오해하다 | 상대방의 뜻을 다르게 받아들이다.

[□ 오해했다. □ 오해한다. □ 오해할 것이다.]

05300

년 월 일

온순하다 | 부드럽고 순하다.

[□ 온순했다. □ 온순하다. □ 온순할 것이다.]

05325

완만하다 | 기울어진 정도가 작다.

[□ 완만했다. □ 완만하다. □ 완만할 것이다.]

05350

안전하다 | 잘못되거나 다치지 않을 상태다.

[□ 안전했다. □ 안전하다. □ 안전할 것이다.]

05375

위험하다 | 잘못되거나 다치기 쉬운 상태다.

[□ 위험했다. □ 위험하다. □ 위험할 것이다.]

05400

28일

완벽하다 | 모든 것을 다 갖추다.

[□ 완벽했다. □ 완벽하다. □ 완벽할 것이다.]

05425

외면하다 | 마주하기 싫어 피하다.

[□ 외면했다. □ 외면한다. □ 외면할 것이다.]

05450

요리하다 | 음식을 만들다.

[□ 요리했다. □ 요리한다. □ 요리할 것이다.]

05475

요약하다 | 긴 내용을 짧게 만들다.

[□ 요약했다. □ 요약한다. □ 요약할 것이다.]

05500

년 월 일

우려하다 | 걱정을 하다.

[□ 우려했다. □ 우려한다. □ 우려할 것이다.]

05525

우세하다 | 상대보다 실력이 더 낫다.

[□ 우세했다. □ 우세하다. □ 우세할 것이다.]

05550

애매하다 | 생각이나 특징이 흐릿하다.

[□ 애매했다. □ 애매하다. □ 애매할 것이다.]

05575

분명하다 | 생각이나 특징이 뚜렷하다.

[□ 분명했다. □ 분명하다. □ 분명할 것이다.]

05600

29일

운동하다 | 건강을 위해 몸을 움직이다.

[□ 운동했다. □ 운동한다. □ 운동할 것이다.]

05625

운반하다 | 짐을 나르다.

[□ 운반했다. □ 운반한다. □ 운반할 것이다.]

05650

원망하다 | 자신이 당한 일을 다른 것에 탓하다.

[□ 원망했다. □ 원망한다. □ 원망할 것이다.]

05675

위로하다 | 괴롭거나 슬픈 일을 달래 주다.

[□ 위로했다. □ 위로한다. □ 위로할 것이다.]

05700

년 월 일

유명하다 | 많이 알려져 있다.

[□ 유명했다. □ 유명하다. □ 유명할 것이다.]

05725

유용하다 | 쓸모가 있다.

[□ 유용했다. □ 유용하다. □ 유용할 것이다.]

05750

연결하다 | 이어지게 하다.

[□ 연결했다. □ 연결한다. □ 연결할 것이다.]

05775

분리하다 | 떼어 내다.

[□ 분리했다. □ 분리한다. □ 분리할 것이다.]

05800

30일

유익하다 | 배울 점이 있거나 이익이 되다.

[□ 유익했다. □ 유익하다. □ 유익할 것이다.]

05825

유일하다 | 하나만 있다.

[□ 유일했다. □ 유일하다. □ 유일할 것이다.]

05850

유지하다 | 변함없이 그대로 이어가다.

[□ 유지했다. □ 유지한다. □ 유지할 것이다.]

05875

유치하다 | 말이나 행동의 수준이 떨어지다.

[□ 유치했다. □ 유치하다. □ 유치할 것이다.]

05900

유행하다 | 널리 퍼지다.

[□ 유행했다. □ 유행한다. □ 유행할 것이다.]

05925

유혹하다 | 정신을 흐리게 하여 원하는 대로 이끌다.

[□ 유혹했다. □ 유혹한다. □ 유혹할 것이다.]

05950

예습하다 | 배울 것을 미리 익히다.

[□ 예습했다. □ 예습한다. □ 예습할 것이다.]

05975

복습하다 | 배운 것을 다시 익히다.

[□ 복습했다. □ 복습한다. □ 복습할 것이다.]

06000

31일

음침하다 | 어둡고 무서운 느낌이 들다.

[□ 음침했다. □ 음침하다. □ 음침할 것이다.]

06025

의미하다 | 뜻을 나타내다.

[□ 의미했다. □ 의미한다. □ 의미할 것이다.]

06050

의식하다 | 신경을 쓰다.

[□ 의식했다. □ 의식한다. □ 의식할 것이다.]

06075

의지하다 | 기대어 도움을 받다.

[□ 의지했다. □ 의지한다. □ 의지할 것이다.]

06100

이동하다 | 자리를 옮기다.

[□ 이동했다. □ 이동한다. □ 이동할 것이다.]

06125

이상하다 | 정상이나 보통과 다르다.

[□ 이상했다. □ 이상하다. □ 이상할 것이다.]

06150

왜소하다 | 키나 몸집이 작다.

[□ 왜소했다. □ 왜소하다. □ 왜소할 것이다.]

06175

건장하다 | 키나 몸집이 크다.

[□ 건장했다. □ 건장하다. □ 건장할 것이다.]

06200

32일

인사하다 | 만나거나 헤어질 때 예절을 지키다.

[☐ 인사했다. ☐ 인사한다. ☐ 인사할 것이다.]

06225

인정하다 | 사실이나 생각을 받아들이다.

[☐ 인정했다. ☐ 인정한다. ☐ 인정할 것이다.]

06250

일정하다 | 달라지지 않고 항상 같다.

[☐ 일정했다. ☐ 일정하다. ☐ 일정할 것이다.]

06275

자책하다 | 자기 자신을 탓하거나 혼내다.

[☐ 자책했다. ☐ 자책한다. ☐ 자책할 것이다.]

06300

년 월 일

장담하다 | 자신의 말이 맞다고 자신있게 말하다.

[□ 장담했다. □ 장담한다. □ 장담할 것이다.]

06325

장식하다 | 예쁘게 꾸미다.

[□ 장식했다. □ 장식한다. □ 장식할 것이다.]

06350

외출하다 | 할 일이 있어 밖으로 나가다.

[□ 외출했다. □ 외출한다. □ 외출할 것이다.]

06375

복귀하다 | 원래 있던 곳이나 상태로 돌아오다.

[□ 복귀했다. □ 복귀한다. □ 복귀할 것이다.]

06400

33일

재배하다 | 식물을 심고 키우다.

[□ 재배했다. □ 재배한다. □ 재배할 것이다.]

06425

저렴하다 | 가격이 싸다.

[□ 저렴했다. □ 저렴하다. □ 저렴할 것이다.]

06450

저장하다 | 나중에 쓰기 위해 두다.

[□ 저장했다. □ 저장한다. □ 저장할 것이다.]

06475

적응하다 | 주어진 환경에 맞추다.

[□ 적응했다. □ 적응한다. □ 적응할 것이다.]

06500

년　　월　　일

적합하다 | 잘 어울리고 알맞다.

[☐ 적합했다. ☐ 적합하다. ☐ 적합할 것이다.]

06525

전달하다 | 전해 주다.

[☐ 전달했다. ☐ 전달한다. ☐ 전달할 것이다.]

06550

위반하다 | 법, 규칙 등을 어기다.

[☐ 위반했다. ☐ 위반한다. ☐ 위반할 것이다.]

06575

준수하다 | 법, 규칙 등을 지키다.

[☐ 준수했다. ☐ 준수한다. ☐ 준수할 것이다.]

06600

34일

전송하다 | 사진, 파일, 영상 등을 보내다.

[□ 전송했다. □ 전송한다. □ 전송할 것이다.]

06625

절제하다 | 지나치지 않도록 하다.

[□ 절제했다. □ 절제한다. □ 절제할 것이다.]

06650

점검하다 | 상태나 상황이 괜찮은 지 살펴보다.

[□ 점검했다. □ 점검한다. □ 점검할 것이다.]

06675

정리하다 | 가지런하게 놓다.

[□ 정리했다. □ 정리한다. □ 정리할 것이다.]

06700

년 월 일

정색하다 | 표정을 어둡게 하다.

[□ 정색했다. □ 정색한다. □ 정색할 것이다.]

06725

제안하다 | 의견을 내다.

[□ 제안했다. □ 제안한다. □ 제안할 것이다.]

06750

유리하다 | 상대보다 상황이나 조건이 좋다.

[□ 유리했다. □ 유리하다. □ 유리할 것이다.]

06775

불리하다 | 상대보다 상황이나 조건이 나쁘다.

[□ 불리했다. □ 불리하다. □ 불리할 것이다.]

06800

35일

제출하다 | 자료를 내다.

[□ 제출했다. □ 제출한다. □ 제출할 것이다.]

06825

조사하다 | 자세히 알아보다.

[□ 조사했다. □ 조사한다. □ 조사할 것이다.]

06850

조절하다 | 상황이나 조건에 알맞게 만들다.

[□ 조절했다. □ 조절한다. □ 조절할 것이다.]

06875

존경하다 | 다른 사람의 훌륭한 점을 높이 여기다.

[□ 존경했다. □ 존경한다. □ 존경할 것이다.]

06900

년 월 일

존재하다 | 실제로 있다.

[□ 존재했다. □ 존재한다. □ 존재할 것이다.]

06925

존중하다 | 다른 사람의 것도 중요하게 여기다.

[□ 존중했다. □ 존중한다. □ 존중할 것이다.]

06950

입학하다 | 학교의 과정에 처음 들어가다.

[□ 입학했다. □ 입학한다. □ 입학할 것이다.]

06975

졸업하다 | 학교의 과정을 모두 마치다.

[□ 졸업했다. □ 졸업한다. □ 졸업할 것이다.]

07000

36일

좌우하다 | 결과를 정하는 중요한 원인이 되다.

[□ 좌우했다. □ 좌우한다. □ 좌우할 것이다.]

07025

좌절하다 | 일이 잘 되지 않아 힘이 빠지다.

[□ 좌절했다. □ 좌절한다. □ 좌절할 것이다.]

07050

주도하다 | 앞장서서 일을 이끌다.

[□ 주도했다. □ 주도한다. □ 주도할 것이다.]

07075

주목하다 | 관심을 가지고 보다.

[□ 주목했다. □ 주목한다. □ 주목할 것이다.]

07100

년 월 일

주문하다 | 만들어 달라고 하다.

[□ 주문했다. □ 주문한다. □ 주문할 것이다.]

07125

주의하다 | 좋지 않은 일이 생기지 않도록 살피다.

[□ 주의했다. □ 주의한다. □ 주의할 것이다.]

07150

정당하다 | 맞거나 옳다.

[□ 정당했다. □ 정당하다. □ 정당할 것이다.]

07175

부당하다 | 틀리거나 그르다.

[□ 부당했다. □ 부당하다. □ 부당할 것이다.]

07200

37일

주장하다 | 다른 사람에게 자신의 생각을 내세우다.

[□ 주장했다. □ 주장한다. □ 주장할 것이다.]

07225

주저하다 | 머뭇거리고 망설이다.

[□ 주저했다. □ 주저한다. □ 주저할 것이다.]

07250

준비하다 | 앞으로 할 일에 쓰일 것을 갖추다.

[□ 준비했다. □ 준비한다. □ 준비할 것이다.]

07275

지독하다 | 심하게 느껴지다.

[□ 지독했다. □ 지독하다. □ 지독할 것이다.]

07300

지시하다 | 하라고 시키다.

[□ 지시했다. □ 지시한다. □ 지시할 것이다.]

07325

지원하다 | 하겠다는 생각을 전하다.

[□ 지원했다. □ 지원한다. □ 지원할 것이다.]

07350

제외하다 | 범위 안에서 빼다.

[□ 제외했다. □ 제외한다. □ 제외할 것이다.]

07375

포함하다 | 범위 안에 넣다.

[□ 포함했다. □ 포함한다. □ 포함할 것이다.]

07400

38일

지적하다 | 고칠 점이나 잘못된 점을 이야기하다.

[□ 지적했다. □ 지적한다. □ 지적할 것이다.]

07425

진지하다 | 웃음이나 장난이 없다.

[□ 진지했다. □ 진지하다. □ 진지할 것이다.]

07450

질색하다 | 아주 싫어하다.

[□ 질색했다. □ 질색한다. □ 질색할 것이다.]

07475

집요하다 | 끈질기게 하다.

[□ 집요했다. □ 집요하다. □ 집요할 것이다.]

07500

년 월 일

집중하다 | 모든 정신을 쏟아서 하다.

[☐ 집중했다. ☐ 집중한다. ☐ 집중할 것이다.]

07525

집착하다 | 마음이 사로 잡혀 떨쳐내지 못하다.

[☐ 집착했다. ☐ 집착한다. ☐ 집착할 것이다.]

07550

조심하다 | 잘못이나 실수가 없도록 힘쓰다.

[☐ 조심했다. ☐ 조심한다. ☐ 조심할 것이다.]

07575

방심하다 | 마음을 다잡지 않고 놓아 버리다.

[☐ 방심했다. ☐ 방심한다. ☐ 방심할 것이다.]

07600

39일

착각하다 | 실제와 다르게 알고 있다.

[☐ 착각했다. ☐ 착각한다. ☐ 착각할 것이다.]

07625

참고하다 | 살펴보고 필요한 내용을 얻다.

[☐ 참고했다. ☐ 참고한다. ☐ 참고할 것이다.]

07650

참신하다 | 생각이 새롭고 좋다.

[☐ 참신했다. ☐ 참신하다. ☐ 참신할 것이다.]

07675

채색하다 | 색을 칠하다.

[☐ 채색했다. ☐ 채색한다. ☐ 채색할 것이다.]

07700

년 월 일

처리하다 | 일을 마무리하다.

[□ 처리했다. □ 처리한다. □ 처리할 것이다.]

07725

철저하다 | 꼼꼼해서 빠뜨리는 것이 없다.

[□ 철저했다. □ 철저하다. □ 철저할 것이다.]

07750

진정하다 | 감정을 약하게 만들다.

[□ 진정했다. □ 진정한다. □ 진정할 것이다.]

07775

흥분하다 | 감정이 강해지다.

[□ 흥분했다. □ 흥분한다. □ 흥분할 것이다.]

07800

40일

체감하다 | 몸의 감각으로 느끼다.

[□ 체감했다. □ 체감한다. □ 체감할 것이다.]

07825

초과하다 | 수나 양이 기준을 넘다.

[□ 초과했다. □ 초과한다. □ 초과할 것이다.]

07850

초대하다 | 모임에 다른 사람을 오라고 하다.

[□ 초대했다. □ 초대한다. □ 초대할 것이다.]

07875

촉박하다 | 남은 시간이 얼마 없다.

[□ 촉박했다. □ 촉박하다. □ 촉박할 것이다.]

07900

년 월 일

촬영하다 | 사진이나 영상을 찍다.

[□ 촬영했다. □ 촬영한다. □ 촬영할 것이다.]

07925

추천하다 | 알맞은 사람이나 물건을 알려 주다.

[□ 추천했다. □ 추천한다. □ 추천할 것이다.]

07950

질문하다 | 궁금한 것을 물어보다.

[□ 질문했다. □ 질문한다. □ 질문할 것이다.]

07975

대답하다 | 묻는 말에 답하다.

[□ 대답했다. □ 대답한다. □ 대답할 것이다.]

08000

41일

추측하다 | 알고 있는 것으로 새로운 것을 알아내려 하다.

[□ 추측했다. □ 추측한다. □ 추측할 것이다.]

08025

축하하다 | 다른 사람의 좋은 일에 기쁜 마음을 전하다.

[□ 축하했다. □ 축하한다. □ 축하할 것이다.]

08050

출마하다 | 선거에 후보로 나가다.

[□ 출마했다. □ 출마한다. □ 출마할 것이다.]

08075

충고하다 | 고치거나 갖출 것을 이야기하다.

[□ 충고했다. □ 충고한다. □ 충고할 것이다.]

08100

년 월 일

취급하다 | 어떤 것처럼 대하다.

[□ 취급했다. □ 취급한다. □ 취급할 것이다.]

08125

취소하다 | 없었던 것으로 하다.

[□ 취소했다. □ 취소한다. □ 취소할 것이다.]

08150

찬성하다 | 같은 편에 서다.

[□ 찬성했다. □ 찬성한다. □ 찬성할 것이다.]

08175

반대하다 | 상대편에 서다.

[□ 반대했다. □ 반대한다. □ 반대할 것이다.]

08200

42일

측정하다 | 수나 양을 도구로 재다.

[□ 측정했다. □ 측정한다. □ 측정할 것이다.]

08225

치료하다 | 아픈 곳을 낫게 하다.

[□ 치료했다. □ 치료한다. □ 치료할 것이다.]

08250

친절하다 | 예의가 바르고 따뜻하게 대하다.

[□ 친절했다. □ 친절하다. □ 친절할 것이다.]

08275

침착하다 | 마음이 흔들리지 않도록 잡다.

[□ 침착했다. □ 침착하다. □ 침착할 것이다.]

08300

년 월 일

칭찬하다 | 잘한 것에 대해 훌륭하게 여기는 마음을 전하다.

[□ 칭찬했다. □ 칭찬한다. □ 칭찬할 것이다.]

08325

쾌적하다 | 깨끗하고 깔끔해서 마음에 들다.

[□ 쾌적했다. □ 쾌적하다. □ 쾌적할 것이다.]

08350

참가하다 | 모임, 행사, 대회 등에 나가다.

[□ 참가했다. □ 참가한다. □ 참가할 것이다.]

08375

불참하다 | 모임, 행사, 대회 등에 나가지 않다.

[□ 불참했다. □ 불참한다. □ 불참할 것이다.]

08400

43일

타협하다 | 서로 다른 생각을 가깝게 좁히다.

[□ 타협했다. □ 타협한다. □ 타협할 것이다.]

08425

태연하다 | 아무렇지 않은 것처럼 행동하다.

[□ 태연했다. □ 태연하다. □ 태연할 것이다.]

08450

터득하다 | 기술이나 지식을 내 것으로 만들다.

[□ 터득했다. □ 터득한다. □ 터득할 것이다.]

08475

토론하다 | 주제를 두고 편을 나눠 이야기하다.

[□ 토론했다. □ 토론한다. □ 토론할 것이다.]

08500

년 월 일

통과하다 | 장소, 시간, 단계 등을 넘어가다.

[□ 통과했다. □ 통과한다. □ 통과할 것이다.]

08525

통일하다 | 하나로 맞추거나 하나가 되다.

[□ 통일했다. □ 통일한다. □ 통일할 것이다.]

08550

출발하다 | 목적지로 가다.

[□ 출발했다. □ 출발한다. □ 출발할 것이다.]

08575

도착하다 | 목적지에 오다.

[□ 도착했다. □ 도착한다. □ 도착할 것이다.]

08600

44일

통쾌하다 | 마음에 들어 속이 시원하다.

[□ 통쾌했다. □ 통쾌하다. □ 통쾌할 것이다.]

08625

투명하다 | 속이 보일 만큼 깨끗하다.

[□ 투명했다. □ 투명하다. □ 투명할 것이다.]

08650

투자하다 | 목표를 위해 돈이나 시간을 쓰다.

[□ 투자했다. □ 투자한다. □ 투자할 것이다.]

08675

파악하다 | 내용이나 상황이 무엇인지 알아내다.

[□ 파악했다. □ 파악한다. □ 파악할 것이다.]

08700

년 월 일

판단하다 | 일, 상황, 사람 등에 대한 생각을 정하다.

[□ 판단했다. □ 판단한다. □ 판단할 것이다.]

08725

평가하다 | 수준을 따져보다.

[□ 평가했다. □ 평가한다. □ 평가할 것이다.]

08750

출생하다 | 사람이 태어나다.

[□ 출생했다. □ 출생한다. □ 출생할 것이다.]

08775

사망하다 | 사람이 죽다.

[□ 사망했다. □ 사망한다. □ 사망할 것이다.]

08800

45일

표시하다 | 알아보려고 나타내다.

[□ 표시했다. □ 표시한다. □ 표시할 것이다.]

08825

표현하다 | 느낌이나 생각을 나타내다.

[□ 표현했다. □ 표현한다. □ 표현할 것이다.]

08850

피곤하다 | 지치고 힘들다.

[□ 피곤했다. □ 피곤하다. □ 피곤할 것이다.]

08875

할인하다 | 가격을 내려서 팔다.

[□ 할인했다. □ 할인한다. □ 할인할 것이다.]

08900

년　　월　　일

합격하다 | 시험, 검사, 심사 등을 통해 자격을 얻다.

[□ 합격했다. □ 합격한다. □ 합격할 것이다.]

08925

합류하다 | 나누어져 있던 것이 합쳐지다.

[□ 합류했다. □ 합류한다. □ 합류할 것이다.]

08950

편리하다 | 사용하기 쉽다.

[□ 편리했다. □ 편리하다. □ 편리할 것이다.]

08975

불편하다 | 사용하기 어렵다.

[□ 불편했다. □ 불편하다. □ 불편할 것이다.]

09000

46일

해결하다 | 사건이나 문제를 풀다.

[□ 해결했다. □ 해결한다. □ 해결할 것이다.]

09025

해당하다 | 어울리거나 맞다.

[□ 해당했다. □ 해당한다. □ 해당할 것이다.]

09050

허무하다 | 했던 일이 쓸모없게 느껴지다.

[□ 허무했다. □ 허무하다. □ 허무할 것이다.]

09075

허약하다 | 쉽게 아프고 병이 들다.

[□ 허약했다. □ 허약하다. □ 허약할 것이다.]

09100

년　　월　　일

헌신하다 | 몸과 마음을 바쳐서 일하다.

[□ 헌신했다.　□ 헌신한다.　□ 헌신할 것이다.]

09125

험담하다 | 나쁘게 이야기하다.

[□ 험담했다.　□ 험담한다.　□ 험담할 것이다.]

09150

편안하다 | 괴로운 것이 없이 좋다.

[□ 편안했다.　□ 편안하다.　□ 편안할 것이다.]

09175

불안하다 | 나쁜 일이 일어날 것 같아 괴롭다.

[□ 불안했다.　□ 불안하다.　□ 불안할 것이다.]

09200

47일

현명하다 | 알맞거나 좋은 선택을 하다.

[□ 현명했다. □ 현명하다. □ 현명할 것이다.]

09225

협동하다 | 힘을 합치다.

[□ 협동했다. □ 협동한다. □ 협동할 것이다.]

09250

협박하다 | 억지로 하게끔 시키다.

[□ 협박했다. □ 협박한다. □ 협박할 것이다.]

09275

홍보하다 | 사람들에게 알리다.

[□ 홍보했다. □ 홍보한다. □ 홍보할 것이다.]

09300

화려하다 | 아름답고 보기 좋다.

[□ 화려했다. □ 화려하다. □ 화려할 것이다.]

09325

화목하다 | 사이가 좋다.

[□ 화목했다. □ 화목하다. □ 화목할 것이다.]

09350

평범하다 | 보통의 것과 다른 데가 없다.

[□ 평범했다. □ 평범하다. □ 평범할 것이다.]

09375

독특하다 | 보통의 것과 많이 다르다.

[□ 독특했다. □ 독특하다. □ 독특할 것이다.]

09400

48일

화창하다 | 날씨가 맑고 좋다.

[□ 화창했다. □ 화창하다. □ 화창할 것이다.]

09425

화해하다 | 싸우던 사람들이 서로 화를 풀다.

[□ 화해했다. □ 화해한다. □ 화해할 것이다.]

09450

확신하다 | 굳게 믿다.

[□ 확신했다. □ 확신한다. □ 확신할 것이다.]

09475

확실하다 | 틀림이 없다.

[□ 확실했다. □ 확실하다. □ 확실할 것이다.]

09500

년 월 일

확정하다 | 정하는 것을 끝내다.

[☐ 확정했다. ☐ 확정한다. ☐ 확정할 것이다.]

09525

환영하다 | 반갑게 맞이하다.

[☐ 환영했다. ☐ 환영한다. ☐ 환영할 것이다.]

09550

풍부하다 | 필요한 것 보다 많다.

[☐ 풍부했다. ☐ 풍부하다. ☐ 풍부할 것이다.]

09575

부족하다 | 필요한 것 보다 적다.

[☐ 부족했다. ☐ 부족하다. ☐ 부족할 것이다.]

09600

49일

환호하다 | 좋아서 크게 소리 내다.

[□ 환호했다. □ 환호한다. □ 환호할 것이다.]

09625

활용하다 | 기능이나 능력을 잘 쓰다.

[□ 활용했다. □ 활용한다. □ 활용할 것이다.]

09650

회복하다 | 좋았던 상태도 돌리다.

[□ 회복했다. □ 회복한다. □ 회복할 것이다.]

09675

회상하다 | 지난날을 떠올리다.

[□ 회상했다. □ 회상한다. □ 회상할 것이다.]

09700

년　　월　　일

효도하다 | 낳아주거나 키워준 분께 잘하다.

[☐ 효도했다.　☐ 효도한다.　☐ 효도할 것이다.]

09725

후회하다 | 잘못을 떠올리며 괴로워하다.

[☐ 후회했다.　☐ 후회한다.　☐ 후회할 것이다.]

09750

한적하다 | 사람이 별로 없어 조용하다.

[☐ 한적했다.　☐ 한적하다.　☐ 한적할 것이다.]

09775

혼잡하다 | 사람이 매우 많고 시끄럽다.

[☐ 혼잡했다.　☐ 혼잡하다.　☐ 혼잡할 것이다.]

09800

50일

훼손하다 | 망가뜨리다.

[□ 훼손했다. □ 훼손한다. □ 훼손할 것이다.]

09825

휴식하다 | 하던 일을 멈추고 쉬다.

[□ 휴식했다. □ 휴식한다. □ 휴식할 것이다.]

09850

희귀하다 | 보기 힘들 정도로 거의 없다.

[□ 희귀했다. □ 희귀하다. □ 희귀할 것이다.]

09875

희망하다 | 이루거나 얻고자 하다.

[□ 희망했다. □ 희망한다. □ 희망할 것이다.]

09900

년 월 일

희미하다 | 흐릿해서 잘 보이지 않다.

[☐ 희미했다. ☐ 희미하다. ☐ 희미할 것이다.]

09925

희생하다 | 다른 것을 위해 자신의 것을 쓰다.

[☐ 희생했다. ☐ 희생한다. ☐ 희생할 것이다.]

09950

행복하다 | 즐겁고 기쁘다.

[☐ 행복했다. ☐ 행복하다. ☐ 행복할 것이다.]

09975

우울하다 | 답답하고 기운이 없다.

[☐ 우울했다. ☐ 우울하다. ☐ 우울할 것이다.]

10000

MEMO

MEMO

자신을 이기는 일만자 쓰기

초판 1쇄 발행 2022년 9월 13일

지은이_ 이세범

펴낸이_ 김동명
펴낸곳_ 도서출판 창조와 지식

인쇄처_ (주)북모아

출판등록번호_ 제2018-000027호
주소_ 서울특별시 강북구 덕릉로 144
전화_ 1644-1814
팩스_ 02-2275-8577

ISBN 979-11-6003-483-7(63700)
정가 12,000원